Despertar , cada Dia la Diosa que hay en ti...

Crece semilla! Con alegría y a brillar

Todo es humo...

Tu creas
con lo que
eliges creer
Bllin

Esto también pasará

Florece, suelta y da fruto.

www.ingramcontent.com/pod-product-compliance
Lightning Source LLC
Chambersburg PA
CBHW082121220526
45472CB00009B/2259
9798328207997